Erich Fried
Es ist was es ist

Liebesgedichte   Angstgedichte   Zorngedichte

Verlag Klaus Wagenbach   Berlin

Es ist was es ist
erschien als einmalige Geburtstagsausgabe im Jubiläumsprogramm
30 Jahre Verlag Klaus Wagenbach
im Juni 1994

© 1983, 1994 Verlag Klaus Wagenbach, Ahornstraße 4, 10787 Berlin
Umschlaggestaltung Rainer Groothuis unter Verwendung
eines Motivs von Rotraut Susanne Berner
Satz aus der Aldus-Antiqua
Druck und Bindung durch Clausen & Bosse, Leck
Gedruckt auf chlor- und säurefreiem Papier
Printed in Germany. Alle Rechte vorbehalten
ISBN 3 8031 3023   9

Inhalt

1

2

3

4

Eine Kleinigkeit

für Catherine

Ich weiß nicht was Liebe ist
aber vielleicht
ist es etwas wie das:

Wenn sie
nach Hause kommt aus dem Ausland
und stolz zu mir sagt: »Ich habe
eine Wasserratte gesehen«
und ich erinnere mich an diese Worte
wenn ich aufwache in der Nacht
und am nächsten Tag bei der Arbeit
und ich sehne mich danach
sie dieselben Worte
noch einmal sagen zu hören
und auch danach
daß sie nochmals genau so aussehen soll
wie sie aussah
als sie sie sagte –

Ich denke, das ist vielleicht Liebe
oder doch etwas hinreichend Ähnliches

Schmutzkonkurrenz am Morgen

für Catherine

Als ich Liebe vorschlug
lehntest du ab
und erklärtest mir:
»Ich habe eben
einen liebenswürdigen Mann
kennengelernt
im Traum
Er war blind
und er war ein Deutscher
Ist das nicht komisch?«

Ich wünschte dir schöne Träume
und ging hinunter
an meinen Schreibtisch
aber so eifersüchtig
wie sonst kaum je

Nach dem Erwachen

Catherine erinnert sich
an etwas das sie
an etwas erinnert
doch zuerst
weder was
noch woran

Dann weiß sie
es war ein Geruch
und dann
ein Geruch der sie
an Weihnachten erinnert
aber
kein Tannen- und Kerzengeruch
und ganz gewiß
auch kein Geruch nach Backwerk

Sondern was?
Sondern Seifengeruch
Der Geruch einer Flüssigkeit
die sie und ihr Bruder
bekamen zu Weihnachten
für ganz große Seifenblasen

Nun ist die Erinnerung
wieder da
ganz groß
und ganz rund
und spiegelt ihr Kindergesicht
und schillert
und dann zerplatzt sie

Vielleicht

Erinnern
das ist
vielleicht
die qualvollste Art
des Vergessens
und vielleicht
die freundlichste Art
der Linderung
dieser Qual

Eine Art Liebesgedicht

Wer sehnt sich nach dir
wenn ich mich nach dir sehne?

Wer streichelt dich
wenn meine Hand nach dir sucht?

Bin das ich oder sind das
die Reste meiner Jugend?

Bin das ich oder sind das
die Anfänge meines Alters?

Ist das mein Lebensmut oder
meine Angst vor dem Tod?

Und warum sollte
meine Sehnsucht dir etwas bedeuten?

Und was gibt dir meine Erfahrung
die mich nur traurig gemacht hat?

Und was geben dir meine Gedichte
in denen ich nur sage

wie schwer es geworden ist
zu geben oder zu sein?

Und doch scheint im Garten
im Wind vor dem Regen die Sonne

und es duftet das sterbende Gras
und der Liguster

und ich sehe dich an und
meine Hand tastet nach dir

Antwort auf einen Brief

Ich lese das
was du schreibst
von deinen schlechten Eigenschaften

Gut schreibst du
aber das kann mich
nicht trösten darüber
daß alle diese
deine schlechten Eigenschaften
so weit weg sind von mir
denn ich will sie
ganz nahe haben

Und wenn ich versuche
einzeln an sie zu denken
– deine schlechten Eigenschaften
wie du sie aufgezählt hast –
dann wird mir bang
und ich finde
ich muß mich zusammenreißen
damit meine guten
deine schlechten
noch halbwegs wert sind

Weitere Antwort auf einen Brief

Du schreibst
die Zeit ist abzusehen
in der du wieder
mit beiden Beinen
auf der Schnauze liegst

Ich versuche ohnehin immer
mir vorzustellen
wie du aussiehst
und wie du dich bewegst
weil ich mich sehne
dich wirklich vor mir zu sehen

Also versuche ich jetzt
mir auszumalen
wie das aussieht:
Auf der Schnauze
mit beiden Beinen . . .

Erstens:
wie sieht die Schnauze aus?
Zweitens:
die Beine?
Drittens:
in welcher Stellung
können sie auf ihr liegen?

Kniest du dann
auf deiner Schnauze
oder wie?
Sind es die Unter-
oder sind es die Oberschenkel?

Wenn ich ein Lustmolch wäre
wäre das Bild
je mehr ich es ausmale
desto verführerischer

Schließlich jedoch wird mir klar,
es ist eines von beiden:
Entweder bist du ein Schlangenmensch
oder dein Albtraum klappt nicht

Topologik

Ich liebe dich
doch liebe dich wohin?
Etwas in mir
verdreht sich
weil es gerade
so wie es ist ist
(gerade
weil es so ist)

Ich bin außer mir
wenn ich in mich gehe
und außer dir
vielleicht auch
Was
gehört da
wohin?
Und wohin geht das?

Ich habe
mir
ein Möbiusherz
gefaßt
das sich
in ausweglose
Streifen
schneidet

Die Liebe und wir

Was soll uns die Liebe?
Welche Hilfe
hat uns die Liebe gebracht
gegen die Arbeitslosigkeit
gegen Hitler
gegen den letzten Krieg
oder gestern und heute
gegen die neue Angst
und gegen die Bombe?

Welche Hilfe
gegen alles
was uns zerstört?
Gar keine Hilfe:
Die Liebe hat uns verraten
Was soll uns die Liebe?

Was sollen wir der Liebe?
Welche Hilfe
haben wir ihr gebracht
gegen die Arbeitslosigkeit
gegen Hitler
gegen den letzten Krieg
oder gestern und heute
gegen die neue Angst
und gegen die Bombe?

Welche Hilfe
gegen alles
was sie zerstört?
Gar keine Hilfe:
Wir haben die Liebe verraten

Fragen und Antworten

Wo sie wohnt?
Im Haus neben der Verzweiflung

Mit wem sie verwandt ist?
Mit dem Tod und der Angst

Wohin sie gehen wird
wenn sie geht?
Niemand weiß das

Von wo sie gekommen ist?
Von ganz nahe oder ganz weit

Wie lange sie bleiben wird?
Wenn du Glück hast
solange du lebst

Was sie von dir verlangt?
Nichts oder alles

Was soll das heißen?
Daß das ein und dasselbe ist

Was gibt sie dir
– oder auch mir – dafür?
Genau soviel wie sie nimmt
Sie behält nichts zurück

Hält sie dich
– oder mich – gefangen
oder gibt sie uns frei?
Es kann uns geschehen
daß sie uns die Freiheit schenkt

Frei sein von ihr
ist das gut oder schlecht?
Es ist das Ärgste
was uns zustoßen kann

Was ist sie eigentlich
und wie kann man sie definieren?
Es heißt daß Gott gesagt hat
daß er sie ist

Reden

Zu den Menschen
vom Frieden sprechen
und dabei an dich denken
Von der Zukunft sprechen
und dabei an dich denken
Vom Recht auf Leben sprechen
und dabei an dich denken
Von der Angst um Mitmenschen
und dabei an dich denken –
ist das Heuchelei
oder ist das endlich die Wahrheit?

Rückfahrt nach Bremen

Spätherbst
der erste Schnee
die Nachtstraßen
eisglatt
aber zu dir hin

Dann im Morgengrauen
die Bahn
monoton
ermüdend
aber zu dir hin

Quer durch dein Land
und quer
durch mein Leben
aber zu dir hin

Zu deiner Stimme
zu deinem Dasein
zu deinem Dusein
zu dir hin

In Gedanken

Dich denken
und an dich denken
und ganz an dich denken und
an das Dich-Trinken denken
und an das Dich-Lieben denken
und an das Hoffen denken
und hoffen und hoffen
und immer mehr hoffen
auf das Dich-immer-Wiedersehen

Dich nicht sehen
und in Gedanken
dich nicht nur denken
sondern dich auch schon trinken
und dich schon lieben

Und dann erst die Augen aufmachen
und in Gedanken
dann erst dich sehen
und dann dich denken
und dann wieder dich lieben
und wieder dich trinken
und dann
dich immer schöner und schöner sehen
und dann dich denken sehen
und denken
daß ich dich sehe

Und sehen daß ich dich denken kann
und dich spüren
auch wenn ich dich
noch lange nicht sehen kann

Nur nicht

Das Leben
wäre
vielleicht einfacher
wenn ich dich
gar nicht getroffen hätte

Weniger Trauer
jedes Mal
wenn wir uns trennen müssen
weniger Angst
vor der nächsten
und übernächsten Trennung

Und auch nicht soviel
von dieser machtlosen Sehnsucht
wenn du nicht da bist
die nur das Unmögliche will
und das sofort
im nächsten Augenblick
und die dann
weil es nicht sein kann
betroffen ist
und schwer atmet

Das Leben
wäre vielleicht
einfacher
wenn ich dich
nicht getroffen hätte
Es wäre nur nicht
mein Leben

Aber

Zuerst habe ich mich verliebt
in den Glanz deiner Augen
in dein Lachen
in deine Lebensfreude

Jetzt liebe ich auch dein Weinen
und deine Lebensangst
und die Hilflosigkeit
in deinen Augen

Aber gegen die Angst
will ich dir helfen
denn meine Lebensfreude
ist noch immer der Glanz deiner Augen

Zum Beispiel

Manches
kann lächerlich sein
zum Beispiel
mein Telefon
zu küssen wenn ich
deine Stimme
in ihm gehört habe

Noch lächerlicher
und trauriger
wäre es
mein Telefon
nicht zu küssen
wenn ich nicht dich
küssen kann

In einem anderen Land

Ich kann vielleicht
deine Brüste nachbilden
aus meinem Kissen
für meine Zunge
für meine Lippen
und für meine Hände
damit sie besser
denken können an dich

Ich kann vielleicht
deinen Schoß nachbilden
aus meinem Kissen
für mein Geschlecht
für meinen Mund
und für mein ganzes Gesicht
damit es sich besser
vergraben kann in seine Sehnsucht

Aber deine Augen
kann ich
aus nichts nachbilden
auch deine Stimme nicht
nicht deinen Atem
nicht deinen Geruch
und keine einzige
von deinen Bewegungen

Und meine Hände
meine Lippen
meine Zähne
und meine Zunge
und auch mein Geschlecht –
das alles
will nur dich
und keinen Ersatz für dich

Und auch deine Brüste
kann ich nicht wirklich nachbilden
und auch nicht deinen Schoß
und wenn ich es versuche
werde ich immer
nur traurig
und du
fehlst mir noch mehr

Erotik

Befreiung mit dir
damit wir nie mehr
schamlos sein müssen

und nicht mehr erklären müssen:
»Es ist doch
nichts weiter dabei«

Endlich können wir tun
du mit mir
ich mit dir

alles was wir wollen
auch das
wobei viel ist

und was wir sonst nie getan haben
und was wir nicht sagen werden
irgendwem

Erwartung

Deine ferne Stimme
ganz nahe am Telefon –
und ich werde sie bald aus der Nähe
entfernter hören
weil sie dann von deinem Mund
bis zu meinen Ohren
den langen Weg nehmen muß
hindurch zwischen deinen Brüsten
über den Nabel hin
und den kleinen Hügel
deinen ganzen Körper entlang
an dem du hinabsiehst
bis hinunter zu meinem Kopf
dessen Gesicht
vergraben ist zwischen deine gehobenen Schenkel
in deine Haare
und in deinen Schoß

Zwischenspiel

Und wenn mein Zeigefinger
schon naß ist von dir
mir noch Zeit nehmen
und mit seiner Kuppe
auf deinen Bauch
ein Herz malen
so daß dein Nabel
mitten im Herzen die Stelle ist
wo angeblich Amors Pfeil
das Herz durchbohrt hat
und dann erst
wenn du erraten hast
daß es ein Herz war
was ich auf dich
gezeichnet habe
. . . . .

Fester Vorsatz

Denn wir wollen uns
nicht nur herzen
sondern auch munden
und hauten und haaren
und armen und brüsten und bauchen
und geschlechten
und wieder handen und fußen

Ungeplant

Daß ich
viel zu alt bin
für dich
oder daß du
zu jung bist für mich
das sind alles
gewichtige Argumente
die entscheidend wären
in den Lehrwerkstätten
in denen
die aufgeklärteren Menschen
sich ihre berechnete Zukunft
zurechtschneiden
streng nach Maß

Verantwortungslos

Daß dieses kluge Kind
vielleicht
ein Kind von mir kriegt?
Ich sollte
mir Sorgen machen
ich weiß
und ich mache sie mir
auch wirklich
nach Kräften

Nur werden
im Augenblick
meine besten Kräfte
leichthin verbraucht
von meiner
verantwortungslosen
ganz unvernünftigen
Freude
über das Kind

Kein Stillleben

Wie du hier liegst
offen
zwischen mir und meinem Tod
kannst du beides zugleich sein
mein Tod und mein Leben
mir näher als mein Geschlecht
und duftend nach dir und nach mir

Weil wir das Leben verlachen
kannst du jetzt lachen
Weil wir das Leben beweinen
kannst du jetzt weinen
und kannst lachen
und weinen zugleich
weil wir leben und sterben

Zum Titel: Die deutsche Rechtschreibregel gegen dreifaches l scheint mir in solchen
Fällen falsch. –   E. F.

Was?

Was bist du mir?
Was sind mir deine Finger
und was deine Lippen?
Was ist mir der Klang deiner Stimme?
Was ist mir dein Geruch
vor unserer Umarmung
und dein Duft
in unserer Umarmung
und nach ihr?

Was bist du mir?
Was bin ich dir?
Was bin ich?

Dich

Dich
dich sein lassen
ganz dich

Sehen
daß du nur du bist
wenn du alles bist
was du bist
das Zarte
und das Wilde
das was sich losreißen
und das was sich anschmiegen will

Wer nur die Hälfte liebt
der liebt dich nicht halb
sondern gar nicht
der will dich zurechtschneiden
amputieren
verstümmeln

Dich dich sein lassen
ob das schwer oder leicht ist?
Es kommt nicht darauf an mit wieviel
Vorbedacht und Verstand
sondern mit wieviel Liebe und mit wieviel
offener Sehnsucht nach allem –
nach allem
was *du* ist

Nach der Wärme
und nach der Kälte
nach der Güte
und nach dem Starrsinn
nach deinem Willen
und Unwillen

nach jeder deiner Gebärden
nach deiner Ungebärdigkeit
Unstetigkeit
Stetigkeit

Dann
ist dieses
dich dich sein lassen
vielleicht
gar nicht so schwer

Das richtige Wort

Nicht Schlafen mit dir
nein: Wachsein mit dir
ist das Wort
das die Küsse küssen kommt
und das das Streicheln streichelt

und das unser Einatmen atmet
aus deinem Schoß
und aus deinen Achselhöhlen
in meinen Mund
und aus meinem Mund
und aus meinem Haar
zwischen deine Lippen

und das uns die Sprache gibt
Von dir für mich
und von mir für dich
eines dem anderen verständlicher
als alles

Wachsein mit dir
das ist die endliche Nähe
das Sichineinanderfügen
der endlosen Hoffnungen
durch das wir einander kennen

Wachsein mit dir
und dann
Einschlafen mit dir

Luftpostbrief

Nein
sorg dich nicht:
Heimliche Liebschaften
habe ich keine
Ich denke immer an dich
Du bedeutest für mich das Leben

Die eine Frau
bei der du
vielleicht wirklich
Grund hast
zur Eifersucht
ist diese Tote

An eine Nervensäge

Mit deinen Problemen
heißt es
bist du
eine Nervensäge

Ich liebe die Spitze
und Schneide
von jedem Zahn
dieser Säge
und ihr blankes Sägeblatt
und auch ihren runden Griff

Gegengewicht

Woher
mein Gegengewicht
nehmen
damit ich vom Leben
noch nicht
abgeworfen werde
und fortgeschleudert?

Mich halten
an meine Gedichte?
Mich halten
an meine Würde?
Mich halten
an meine Einsamkeit
in diesem Haus?

Wie erbarmenswert
sind alle
solche Methoden
kleinlich
sich klammernd
an Hoffnungen
die keine sind

Es gibt nur
ein einziges
Gegengewicht
gegen Unglück:
das muß man
suchen
und finden
und das ist Glück

Freiraum

Jedes Mal
wenn ich jetzt an dich denke
entsteht in meinem Kopf
ein freier Raum
eine Art Vorraum zu dir
in dem sonst nichts ist

Ich stelle fest
am Ende jedes Tages
daß viel mehr freier Raum
in meinem Kopf
übrig gewesen sein muß
als ich sonst glaubte

Erschwerung

Dich nur einmal sehen
und dann nie wieder
muß leichter sein
als dich noch einmal
und dann nie wieder sehen

Dich noch einmal sehen
und dann nie wieder
muß leichter sein
als dich noch zweimal
und dann nie wieder sehen

Dich noch zweimal sehen
und dann nie wieder
muß leichter sein als dich noch dreimal
und dann nie wieder sehen

Aber ich bin dumm
und will dich noch viele Male
sehen
bevor ich dich
nie wieder sehen kann

Realitätsprinzip

Die Menschen lieben
das heißt die Wirklichkeit hassen.
Wer lieben kann
der kann alles lieben
nur sie nicht

Die Wahrheit lieben?
Vielleicht.
Erkennen kann Lieben sein.
Aber nicht die Wirklichkeit:
Die Wirklichkeit ist nicht die Wahrheit

Was wäre das
für eine Welt
wenn die Wirklichkeit
diese Wirklichkeit rund um uns
auch die Wahrheit wäre?

Die Welt vor dieser
Wirklichkeit retten wollen.
Die Welt wie sie sein könnte lieben:
Die Wirklichkeit
aberkennen

Was es ist

Es ist Unsinn
sagt die Vernunft
Es ist was es ist
sagt die Liebe

Es ist Unglück
sagt die Berechnung
Es ist nichts als Schmerz
sagt die Angst
Es ist aussichtslos
sagt die Einsicht
Es ist was es ist
sagt die Liebe

Es ist lächerlich
sagt der Stolz
Es ist leichtsinnig
sagt die Vorsicht
Es ist unmöglich
sagt die Erfahrung
Es ist was es ist
sagt die Liebe

Liebe?

in memoriam Hans Arp

Sackhüpfen
im verschlagenen Wind
ohne Segel
Strohsack- und Plumpsackvögel
im eigenen Hosensack

Hodensackhüpfen
Schwalbenhodensackhüpfen
Schwalbenhodensarglüpfen
Schwalbenhodenhosensargnestelknüpfen

Schwalbennestelknüpfen
Aus dem Nest fallen:
Lustrestlinge
Hineinschlüpfen
Wo hinein?

Sich festkrallen
Gefallene Nestlinge
zu klein

Vögel sein wollen
noch ein zweimal flattern
sterben

2

Denn

Denn
ist das Alpha
und das Omega

Denn am Anfang
Denn ich habe Hunger
Denn ich habe Angst

Denn ich bin da
Denn ich will leben
Denn ich liebe

Denn in der Mitte
fragt
»Wie lange denn noch?«

Denn in der Mitte
fragt:
»Wozu denn das alles?«

Denn am Ende
wird nicht einmal sagen
»So stirb denn«

Die Letzten werden die Ersten sein

Weil die vorigen Dinge noch nicht
genau untersucht sind, wendet
sich der Gewissenhafte
den vorvorigen zu

Doch der Gewissenlose
übt schon Kunstgriffe, um die nächsten
und übernächsten Dinge
in den Griff zu bekommen

Der Gewissenhafte
hat mittlerweile entdeckt
daß der Schlüssel
zu den vorvorigen Dingen

in älteren Dingen liegt
die noch vor diesen Dingen waren
oder noch tiefer in deren
Vorvorbedingungen

Der Gewissenlose aber
macht raschere Fortschritte. Deshalb
wird er vielleicht uns alle
und auch den Gewissenhaften

schon zu den letzten Dingen
gebracht haben, lange bevor
der Gewissenhafte
die tiefsten Wurzeln des Übels

das den Gewissenlosen
gewissenlos werden ließ
zurückverfolgt hat
bis zu den ersten Dingen

Dankesschuld

(50 Jahre nach der Machteinsetzung Hitlers)

Viel zu gewohnt
uns vor Entrüstung zu schütteln
über die Verbrechen
der Hakenkreuzzeit

vergessen wir
unseren Vorgängern doch ein wenig
dankbar zu sein
dafür daß uns ihre Taten

immer noch helfen könnten
die ungleich größere Untat
die *wir* heute vorbereiten
rechtzeitig zu erkennen

Gespräch mit einem Überlebenden

Was hast du damals getan
was du nicht hättest tun sollen?
»Nichts«

Was hast du *nicht* getan
was du hättest tun sollen?
»Das und das
dieses und jenes:
Einiges«

Warum hast du es nicht getan?
»Weil ich Angst hatte«
Warum hattest du Angst?
»Weil ich nicht sterben wollte«

Sind andere gestorben
weil du nicht sterben wolltest?
»Ich glaube
ja«

Hast du noch etwas zu sagen
zu dem was du nicht getan hast?
»Ja: Dich zu fragen
Was hättest du an meiner Stelle getan?«

Das weiß ich nicht
und ich kann über dich nicht richten.
Nur eines weiß ich:
Morgen wird keiner von uns
leben bleiben
wenn wir heute
wieder nichts tun

Sterbeleben

Ich sterbe immerzu
und immeroffen
Ich sterbe immerfort
und immer hier
Ich sterbe immer einmal
und immer ein Mal

Ich sterbe immer wieder
Ich sterbe wie ich lebe
Ich lebe manchmal hinauf
und manchmal hinunter
Ich sterbe manchmal hinunter
und manchmal hinauf

Woran ich sterbe?
Am Haß
und an der Liebe
an der Gleichgültigkeit
an der Fülle
und an der Not

An der Leere einer Nacht
am Inhalt eines Tages
immer einmal an uns
und immer wieder an ihnen
Ich sterbe an dir
und ich sterbe an mir

Ich sterbe an einigen Kreuzen
Ich sterbe in einer Falle
Ich sterbe an der Arbeit
Ich sterbe am Weg
Ich sterbe am Zuvieltun
und am Zuwenigtun

Ich sterbe so lange
bis ich gestorben bin
Wer sagt
daß ich sterbe?
Ich sterbe nie
sondern lebe

Sühne

Wer alles sühnen will
der scheitert

Wer vieles sühnen will
der sühnt nur weniges

Wer weniges sühnen will
der sühnt gar nichts

Wer nur sühnen will
was sich sühnen läßt ohne Schaden
der richtet nur noch größeren Schaden an

Vielleicht muß trotzdem gesühnt sein
aber nicht nur durch Sühne

Verhalten

Verhältnismäßig tot sein
vielleicht sogar
mehr als nur zweimal
oder dreimal
gestorben

Aber immer noch fragen:
»Wer fragt
Das Leben oder der Tod«
und einstweilen keinem von beiden
Antwort geben

Karl Marx 1983

Wenn ich zweifle
an dem
der gesagt hat
sein Lieblingsspruch sei
»Man muß an allem zweifeln«
dann folge ich ihm

Und wie könnte sein Wort veralten
daß »die freie Entwicklung
eines jeden
die Bedingung
für die freie Entwicklung aller ist«?

Was veraltet
das sind die seiner Schüler
die solche Worte
immer wieder vergessen

Von seinen Erkenntnissen
sind weniger veraltet
nach so langer Zeit
als er selber erwartet hätte

Die sein Werk totsagen
und ihre Gründe
es totzusagen
beweisen nur
wie lebendig es ist

Und die Buchstabengläubigen
die die Gültigkeit jedes Wortes
beweisen wollen
beweisen wie recht er hatte
(und dadurch wie unrecht)
als er spottete:
»Je ne suis pas un Marxiste«

Wortklage

Wie noch das Wort erheben
gegen Entfremdung?
wie noch
gegen Verdinglichung?
Die Worte die immerzu fallen
sind gefallen
Zu überheblich
ist die gehobene Sprache

Das zur Warnung vor dem Versinken
erhobene Wort
ist selbst schon versunken
Das Wort Entfremdung ist selbst entfremdet
das Wort Verdinglichung
selbst schon verdinglicht

Also zurück
zur poetischen Anspielung?
Aber
was sich abspielt in dieser Welt
das spottet der Anspielungen

Die Wortführer haben den Worten
den Hals umgedreht
als sie den Menschen
die Worte im Mund umdrehten
Sie haben die Worte mundtot gemacht
und worttot
die Münder der von ihnen
entmündigten Menschen

Die Worte sind tot
die Führer sind leben geblieben
Vielleicht werden sie erst sterben
wenn sie die anderen
mit toten Worten
in den Tod geführt haben

Parteinahme

Als die Partei
der Revolution
ihre Revolutionäre
auffraß
da riefen die meisten
zuletzt noch
»Hoch die Partei!«

Einige riefen
aus Loyalität
aus der selben
verfluchten Loyalität
dank der die Partei sich
verändern konnte
zur Würgerin ihrer Menschen
ohne rechtzeitig
von diesen Menschen
zerschmettert zu werden

Einige riefen
»Hoch die Partei!«
in der Hoffnung
dieser Todesschrei
werde die Späteren lehren
wie ungerecht die Partei war
in jenen Tagen
die zu töten
von deren Leben sie lebte

Einige riefen es einfach
weil man ihnen
klargemacht hatte
daß die Partei nun auch
ihre Frauen und ihre Kinder
erwürgen werde
wenn sie nicht riefen
was die Partei ihnen vorschrieb

Einige aber
vielleicht
die *ohne* Frauen und Kinder
und also ohne Geiseln
in ihrer Mörder Gewalt
riefen nicht »Hoch die Partei!«
sondern schrieben auf oder sagten:
»Nehmt Partei für die Revolution
und für ihre Revolutionäre
aber nehmt nie mehr Partei
für eine Partei«

Der einzige Ausweg

Im aufgeschlagenen Stein
liegt ein Ei

Aus dem Ei
fliegt ein Vogel

Aus seinem Schnabel
ein Stein

Wer den aufbrechen kann
findet drinnen

nichts

Lebensaufgabe

So hinter dem Unrecht herzujapsen
wie ich
kann einen mit tiefer
Befriedigung erfüllen

Wenn ich dem Unglück
nachhumple
kann ich rufen:
»Es flieht vor mir!«

Wenn es stinkt
kann ich sagen:
»Das sind nur
seine Rückzugsgefechte.«

Dabei weiß ich doch ganz genau
ich hole es niemals ein
also wird es sich hoffentlich
auch nicht an mir vergreifen

Aber weil ich es wittern kann
und es ständig im Auge behalte
kann ich vielleicht auch vor ihm
immer rechtzeitig auf der Hut sein

Dazu kommt noch mein guter Ruf
als Vorkämpfer gegen das Unrecht
Der ist doch auch etwas wert
und der bleibt mir noch lange

Darum bin ich dem Unrecht
schon richtig ein wenig dankbar
Was finge ich ohne es an
mit dem Rest meines Lebens?

Bericht von den Zunahetretern

Das Unrecht kann gutmütig sein
und gestatten daß man es anstaunt
Wenn es satt ist läßt es sich manchmal
sogar auf die Füße treten

Deswegen haben schon einige
vorschnell geglaubt
daß sie dem Unrecht
auch auf den Schwanz treten können

Sie waren nach geltendem Recht
damit gar nicht im Unrecht
doch über solches Recht
setzt sich das Unrecht hinweg

was nach Ansicht mancher Juristen
auch sein erworbenes Recht ist
da es ja als das Unrecht
allgemein anerkannt wird

Jedenfalls ist von denen
die bisher dem Unrecht
auf den Schwanz getreten sind
keine Spur mehr geblieben

außer Schreien auf einem Tonband
und dem satten Lachen des Unrechts
das seinen Schwanz
zu seinem Recht verhalf

Dialog in hundert Jahren mit Fußnote

Der eine sagt:
»Wie schön das gewesen sein muß
als wir noch an Pest und an Scharlach
an Lungenschwindsucht
an Syphilis und an Krebs
an Herzverfettung und Schlagfluß
verreckten wie Tiere!«

Der andere fragt ihn:
»Sag
was waren das,
Tiere?«

Fußnote:
Tiere waren sagenhafte Fabelwesen, ähnlich wie Zwerge, Spinnen, Menschen-
fresser. Faschunisten und Unweltschützen. Nach allen sogenannten »Beschreibun-
gen« wären »Tiere« auch so unpraktisch, dasz der Computer schon deshalb nie die
Erlaubnis zu ihrer Herstellung gegeben hätte. Der blosze Phantasiecharakter der-
artiger »Lebewesen« geht schon daraus hervor, dasz einige von ihnen *mehrere*
Leben (!) gehabt haben sollen, zum Beispiel die berühmte »Katze« (siehe dieselbe!)
bis zu *neun* Leben.

3

Zukunft?

In Hiroshima und Nagasaki schmolz der
Straßenstaub stellenweise zu einer glasigen Masse

Die Sonne ist die Sonne
Der Baum ist ein Baum
Der Staub ist Staub
Ich bin ich du bist du

Die Sonne wird Sonne sein
Der Baum wird Asche sein
Der Staub wird Glas sein
Ich und du werden Staub sein

Die Sonne bleibt die Sonne
Der Baum darf nicht Asche sein
Der Staub soll nicht Glas sein
Ich will nicht Staub sein

Du willst nicht Staub sein
Wir wollen nicht Staub sein
Sie wollen nicht Staub sein
Aber was tun wir alle?

Eine Stunde

Ich habe eine Stunde damit verbracht
ein Gedicht das ich geschrieben habe
zu korrigieren

Eine Stunde
Das heißt: In dieser Zeit
sind 1400 kleine Kinder verhungert
denn alle 2 ½ Sekunden verhungert
ein Kind unter fünf Jahren
in unserer Welt

Eine Stunde lang wurde auch
das Wettrüsten fortgesetzt
und 62 Millionen achthunderttausend Dollar
wurden in dieser einen Stunde ausgegeben
für den Schutz der verschiedenen Mächte
voreinander
Denn die Rüstungsausgaben der Welt
betragen derzeit
550 Milliarden Dollar im Jahr
Auch unser Land trägt dazu
sein Scherflein bei

Die Frage liegt nahe
ob es noch sinnvoll ist
bei dieser Lage der Dinge
Gedichte zu schreiben.
Allerdings geht es
in einigen Gedichten
um Rüstungsausgaben und Krieg
und verhungernde Kinder.
Aber in anderen geht es
um Liebe und Altern und
um Wiesen und Bäume und Berge
und auch um Gedichte und Bilder

Wenn es nicht auch
um all dies andere geht
dann geht es auch keinem mehr wirklich
um Kinder und Frieden

Vom Sparen

Eine uralte Art des Sparens
ist das Sparschwein

Von den Sparschweinen
kommt vielleicht das Wort Sparschweinereien

Denn oft muß gespart werden
für eine Schweinerei

Auf die werden dann
die Ersparnisse verwendet

Je tödlicher die Schweinerei
desto lebhafter muß gespart sein

Je mörderischer
desto mörderischer das Sparen

Für jede Rakete zum Beispiel
muß sehr viel gespart sein

Da muß man jetzt sparen
damit einem *dann* nichts erspart bleibt

Wenn die Rechnung oben nicht stimmt
heißt es unten Sparen

Denn die Sparschweinereien
werden fast immer verfügt

von fetten Schweinen
auf Kosten der armen Schweine

Fußnote:
Seit Veröffentlichung der Gedichte ›Eine Stunde‹ und ›Vom Sparen‹ sind die Spar-
maßnahmen, die Rüstungsausgaben und der Hunger größer geworden.

Ausgleichende Gerechtigkeit

Der Herrscher
braucht hundert Millionen
für den nächsten
kleineren Krieg
also verlangt er
von seinem Hohen Rat
zweihundertzwanzig Millionen
zum Schutz des Friedens im Süden

Seine Ratsherren aber
kennen ihn ganz genau
und weisen ihm nach
sein Friedensschutz ist ein Krieg
und um ihn dafür zu strafen
bewilligen sie ihm nur knappe
hundert Millionen
und nicht einen Groschen mehr

Entenende

»Die Enten
schlachten wir lieber
alle auf einmal.
Sie fressen auch nicht mehr so
wenn eine fehlt.«

Gilt das Wort
dieses alten Bauern
auch für die Menschen?
Erklärt es vielleicht
die Planung eines Atomkriegs?

Wahrscheinlich nicht
denn Menschen
sind keine Enten.
Sie essen auch noch genau so
wenn einige fehlen

Deutsches Herbstsonett

Herr, schenk uns Untrigkeiten deine Klänger,
daß unsre Warben sich mit Schönheit füllen,
und wenn Frostilien freie Rhythmen brüllen,
erkleistre *uns* und nicht die Stampfbedränger!

Das letzte Eulenschwein ergreift die Macht
und schwirrt durch deinen Dom auf Straußenklauen;
Libellen wills mit Megatherien trauen! –
Nachrüstern glühn im Park voll düstrer Pracht.

Auf kahler Höhe fault die Glanzkredei:
Es hat viel Hoffnungsgrün an ihr gehangen,
jedoch das Bundgewicht hat sie zerdresselt.

»O, wär doch eins, zwei, drei die Freiheit frei!«
sprollt eine Kinderwurzel voll Verlangen:
»Sonst sind wir so gebrutlos eingefresselt.«

Regelbestätigungen

Irgendwo
sitzt im System
manchmal einer
oder auch eine
und dreht ganz leise daran
damit es ein wenig
menschlicher wird
in diesem einen Fall

Dann schimpfen immer
Genossen
oder Genossinnen
über
Verkleistern von Rissen
und Alibifunktionen

Vielleicht
mit Recht
aber selten
die jeweils
Betroffenen

Das Ärgernis

Wendet euch
nicht ab
sondern schauet
ihr braven Bürger
den jungen Neonazis
die in euerem Staat
von neuem den Glauben
an den alten Irrsinn
gelernt haben
tief in die Augen

Ihr schaut nicht
genau genug hin
wenn ihr in diesen blauen
oder braunen
oder auch grauen Augen
nicht
einen Augenblick lang
euer eigenes
Spiegelbild seht

Deutsche Worte vom Meer

für Christoph Heubner

Meerschaum
das war ein alter
geschnitzter Pfeifenkopf
aus dem der Rauch aufstieg
der längst verraucht ist

Meeresschaum
das ist
ein Aktenvermerk beim Namen
nach Auschwitz gebrachter Menschen
der bedeutet:
Von diesem da
soll keine Spur mehr bleiben
als der Schaum auf dem Meer
und der Rauch
der aufsteigt vom Krematorium

Aus dem Meeresschaum
soll die Atomrakete *Trident*
im Pentagon getauft
nach dem Dreizack Neptuns
rauchend zum Himmel aufsteigen.
Erzbischof Hunthausen von Seattle
nennt sie: Das Auschwitz der Menschheit
Die zweite Kreuzigung Christi

Schaum
Schaum auf den Wellen
Schaum der noch eine Weile
bleibt auf dem Sand
zwischen toten
und sterbenden
Muscheln

Diagnose

Man nannte es
»das Symptom«
in den Krankenhäusern Beiruts

Das hieß
daß aus dem Mund
noch atmender
Frauen und Kinder
Rauch kam
weil der Phosphor
der Phosphorbomben
sich eingefressen hatte
durch Haut und Fleisch
in die Lunge
die nun innen
brannte
und rauchte
(auch nach dem Tod noch)

Dieses Symptom
sollte man nicht übersehen
bei der Diagnose
eines Begin
oder Sharón

Die Bulldozer

Bulldozer in Israel
haben ihre Verbundenheit
mit den israelischen Bulldozern in Beirut
bestätigt
die dort versucht haben
Leichen
der ermordeten Palästinenser
zu verscharren unter den Trümmern
ihrer Quartiere

Es wurde jetzt gemeldet
daß mitten in Israel
der Gedenkfriedhof
der Toten von Deir Yassin
von Bulldozern
zum Teil zerstört worden ist
»Keine Absicht« heißt es:
»Ein Versehen bei Bauarbeiten«

Auch die Ermordung
der Menschen
in Sapra und Shatila
soll bekanntlich nur
ein Versehen gewesen sein
bei der Arbeit am Bau
einer zionistischen Großmacht

Deir Yassins Bewohner wurden 1948 von Begins Freischärlern ermordet (über 250 Tote, meist Frauen, Kinder, alte Männer); Sapra und Shatila waren die zwei in Beirut durch ein Massaker vernichteten palästinensischen Flüchtlingslager.

Was der Wald sah

»und ich begehre/nicht Schuld daran zu seyn!«
Matthias Claudius

Ich bin schuldlos
wenn in Polen das Militär
den Kriegszustand ausruft
und zwanzig Menschen sterben
und wenn hinten in der Türkei
das Militär
den Kriegszustand ausruft
und Zwanzigtausend sterben
und wenn ich beides hinnehme
und nichts sage:
Ich bin der Wald
der dasteht schwarz
und schweiget

Und wenn jene Machthaber
die nur die Machthaber Polens verdammen
mit neuem Mut jedes Streben
nach Frieden verleumden
und die Machthaber in Guatemala
und in El Salvador unterstützen
von Chile bis zur Türkei
von Pol Pot bis zu Marcos und Begin
dem Mörder der Palästinenser
und bis zu den Männern Suhartos
die auf Timor Zehntausende
vom Leben zum Tode bringen –
und wenn ich das alles hinnehme
und nichts sage
bin ich schuldlos:
Ich bin der Wald
der sich selbst nicht sieht
vor lauter Bäumen.

Und wenn ich mein rechtes Aug schließe
und nur mit dem linken sehe
und wenn ich mein rechtes Aug öffne
und das linke zuhalten will
und wenn ich nur klage
über das auf der einen Seite
oder nur klage
über das auf der anderen Seite
oder beide Seiten gleich anklage
immer nur ausgewogen,
als wären hunderttausend Tote
dasselbe wie hundert Tote
so bin ich schuldlos
denn ich sage nur
was man mir vorsagt:
Ich bin der Wald
aus dem es widerhallt
wie man hineinruft

Und wenn ich verzweifle
und nur mit den Achseln zucke
und wenn ich nicht untersuche
woher das Unrecht
der einen Seite kommt
und das Unrecht der anderen Seite
und wenn ich glaube
das Unrecht der einen Seite
macht das Unrecht der anderen Seite gering
und wenn ich glaube
das Unrecht der anderen Seite
rechtfertigt das Schweigen
zum Unrecht der einen Seite
wenn ich nicht sehen will
daß die Taten der einen Seite
das Saatgut sind
für die Taten der anderen Seite
dann kommt es nicht mehr darauf an
ob ich schuldig bin oder schuldlos:
Ich bin der Wald
von dem nichts übrig sein wird
als die Asche

Aber vielleicht

Meine großen Worte
werden mich nicht vor dem Tod schützen
und meine kleinen Worte
werden mich nicht vor dem Tod schützen
überhaupt kein Wort
und auch nicht das Schweigen zwischen
den großen und kleinen Worten
wird mich vor dem Tod schützen

Aber vielleicht
werden einige
von diesen Worten
und vielleicht
besonders die kleineren
oder auch nur das Schweigen
zwischen den Worten
einige vor dem Tod schützen
wenn ich tot bin

Die Feinde

Die schon vom Leben zerrissen
immer noch Sorge tragen
keine Antwort zu wissen
auf ungefragte Fragen

und die den Rest ihrer Lebens
damit verbringen
ihr ungelebtes Leben
zu besingen

Die vielleicht auch bereit sind
ihr Leben dafür zu geben
nicht sehen zu müssen
wofür und wogegen sie leben

und die doch noch auf Morgen hoffen
ohne Wissen von Heute und Gestern
allen Lügen und Täuschungen offen
die sind meine Brüder und Schwestern

Ça ira?

für Peter Weiss

Die Verbrechen von gestern
haben
die Gedenktage
an die Verbrechen von vorgestern
abgeschafft

Angesichts
der Verbrechen von heute
machen wir uns zu schaffen
mit den Gedenktagen
an die Verbrechen von gestern

Die Verbrechen von morgen
werden uns Heutige
abschaffen
ohne Gedenktage
wenn wir sie nicht verhindern

Zuspruch

Du wirst es gut haben
dann
wenn die Reihe an dich kommt

Die Ärzte
die Schwestern
sind heute schon
zwangsverpflichtet
Sie werden
sie müssen
dir helfen
wenn die Reihe
doch noch
an dich kommt

Verstehst du?
Verpflichtet:
Die Frage ist nicht ob sie können
Die Frage ist nicht ob sie wollen
Es ist schon entschieden:
Sie müssen

Sie alle
müssen dir helfen
dann
wenn die Reihe an dich kommt
Du wirst nicht vergessen
Du bist schon geplant
wie alles
auch deine Vergeltung

Du bleibst dann nicht
ohne Hilfe
Du mußt nicht allein sein
Du wirst dann
nie mehr allein sein
Du wirst es gut haben
dann

Es gab Menschen

Es gab Menschen
die haben Menschen den Kopf abgeschlagen
nicht aus Zorn
sondern weil das ihr Beruf war
den sie gelernt hatten.
Es war kein schwerer Beruf
denn sie mußten nicht jeden Tag
ja nicht einmal jede Woche
einen Kopf abschlagen
freilich manchmal gleich zwei oder drei.
Aber bezahlt wurden sie regelmäßig
dafür daß sie sich bereithielten zum Kopfabschlagen
und für jeden Kopf den sie wirklich abschlugen
bekamen sie eine Zulage zu ihrer Bezahlung.
Und die abgeschlagenen Köpfe
waren meistens die Köpfe derer
die den Kopf geschüttelt hatten über die Zeit
und auch über das Amt
Menschen den Kopf abzuschlagen.

Das war die Vergangenheit
aber sie wurde bewältigt
und das sah so aus
daß zu den Menschen die Köpfe abschlugen
Menschen kamen die ihnen sagten sie müßten
jetzt keine Köpfe mehr abschlagen aber sie sollten
deshalb nicht den Kopf hängen lassen denn sie seien
Beamte und nicht entlassen
nur im Ruhestand mit Pension.
Das war die Bewältigung der Vergangenheit
und die abgeschlagenen Köpfe schüttelten nicht den Kopf
weil abgeschlagene Köpfe nicht den Kopf schütteln können.

Jetzt gibt es Menschen
die keine Köpfe abschlagen
sondern helfen mit Erdarbeiten und mit Betonbauarbeiten
Häuser und Unterstände und Wachtürme bauen für fremde Menschen
die kommen mit Apparaten mit denen sie dann
wenn sie auf einen Knopf drücken gleich hunderttausend Menschen
oder auch zweihunderttausend mit einem Schlag töten können.
Aber ›mit einem Schlag‹ das heißt nicht die Köpfe abschlagen
sondern heißt all diese Menschen Männer Frauen und Kinder
verbrennen oder sofort in Staub verwandeln
oder einige Stunden oder auch Tage lang langsam töten.
Und die die Anlagen bauen für diese Menschen und Apparate
Und auch die Menschen die die Apparate bedienen
tun das nicht aus Zorn sondern weil das ihr Amt ist.
Und das ist die Gegenwart
und wir haben sie nicht bewältigt
denn es schütteln zwar manche Menschen heute den Kopf über sie
aber zu wenige um sie zu ändern und bis jetzt
viel zu wenige die mehr tun als nur den Kopf schütteln.

Eigene Beobachtung

Wenn die Wolken
über den Turm
neben dem ich stehe
wegziehen
sieht man es deutlich:
Er neigt sich vor
um mir auf den Kopf zu fallen
Warum?
Das ist einfach

Der Zug
der Wolken oben
erzeugt in der Luftschicht darunter
den entsprechenden Gegenwind:
Der bläst mir den Turm auf den Kopf

Aber eines ist tröstlich:
Der Turm fällt schon lange
und hat mich
noch immer nicht totgeschlagen –
also kommt vielleicht doch kein Atomkrieg

4

Macht der Dichtung

»Dein geniales Gedicht
wird nicht nur sehr nützlich sein
und die Seefahrt sicherer machen
als je bisher
weil es so unüberhörbar
vor Eisbergen warnt
auf scheinbar offener See
sondern es wird
dank der Schönheit deiner Beschreibung
der Eisberge und der Wogen
und des Zusammenstoßes
zwischen der wilden Natur
und ihrem Besieger Mensch
auch dich unsterblich machen!«

Das etwa soll ein Mädchen
zu einem jungen Dichter
gesagt haben
den sie dabei
schwärmerisch ansah
im Schiffssalon
am Tag vor dem Ende der Fahrt
laut Bericht eines Zuhörers
dem die Worte dann nach dem Unglück
nicht aus dem Kopf gingen
auch nicht nach seiner Bergung
aus einem der überfüllten
Rettungsboote

Kleine Nachtwache

Wenn Nichts gekommen ist
um mich zu trösten
dann heißt mein nächster Besucher
vielleicht wieder Nichts

Dann muß ich fragen:
»Bitte, heißen Sie Wieder Nichts
mit oder ohne e
was natürlich das Gegenteil wäre

denn dann
wären Sie ja
ein Widersacher
des Nichts?«

Aber ich fürchte
er antwortet
darauf
nichts

Dann bin ich
für nichts
und wieder nichts
wachgeblieben

Der Vorwurf

Ich habe gelesen
was eine erfolgreiche Mutter ist:
»Eine Mutter die ihr Kind freigeben kann
wenn es heranwächst«

Ich sechzigjähriges Kind sage jetzt also
zu der Asche in meinem Arbeitszimmer:
»Du bist keine erfolgreiche Mutter gewesen
du hast dich dagegen gewehrt mich freizugeben«

Die Asche bleibt stumm
in der Urne in meinem Zimmer
Die Asche antwortet nicht
Sie ist verstockt

Gedichte lesen

Wer
von einem Gedicht
seine Rettung erwartet
der sollte lieber
lernen
Gedichte zu lesen

Wer
von einem Gedicht
keine Rettung erwartet
der sollte lieber
lernen
Gedichte zu lesen

Mißverständnis zweier Surrealisten

für Katja Hajek

»es regnet«
sagte sie
»männer in schwarzen mänteln
gehen vorbei«
sagte sie

Magritte aber
hörte sie
nicht mehr genau
(sie sagte es nämlich erst Jahre
nach seinem Tod)

So hörte er nicht mehr
ihre letzten zwei Worte
und verstand nur
»es regnet männer in schwarzen mänteln«
Das malte er

Fabeln

»Die Schönheit war einmal zu Gast
bei der Häßlichkeit
Da kam sie sich häßlich vor
weil sie ihr nicht helfen konnte
schön wie sie selber zu sein«

Doch man erzählt auch:
»Die Häßlichkeit
war zu Gast bei der Schönheit
Da fühlte sie sich so wohl
daß sie gar nicht mehr häßlich war«

Beides werde ich glauben
wenn in allen Ländern
der Hunger
so oft bei der Sattheit zu Gast ist
daß es ihn nicht mehr gibt

Aber mich
hat ein Kind gefragt:
»Stillt dann die Sattheit
dem Hunger den Hunger
oder frißt sie ihn auf?«

Mitmenschen

Einer der Leute
die herumtanzen vor meinen Augen
wenn ich sie zumache
um niemand mehr sehen zu müssen

hat keinen Kopf
aber oben aus seinem Hals
wächst eine Schmuckkette
mit zwei silbernen Totenköpfen

und seine Frau die zu dick ist
sagt zu jedem den er erwürgt:
»Geben Sie ihm doch alles
Was er sich nimmt!

Sie sehen ja er ist behindert!«
Dann schneuzt sie sich und muß weinen
weil er ihr jedes Begräbnis
vom Haushaltsgeld abzieht

Mich mahnt sie liebevoll:
»Iß doch bevor es kalt wird!«
Aber ich wäre lieber allein
als in solcher Gesellschaft

Die Einschränkung

In vielen Büchern
habe ich
mich gelesen
und nichts als mich

Was nicht ich war
das konnte ich
gar nicht
entziffern

Da hätte ich
eigentlich
die Bücher
nicht lesen müssen

Ich

Ich habe viele Vornamen
alle enden auf »l«:
männl
menschl
unerträgl
unmögl
ängstl
lästerl
eigentl
wesentl
sterbl
hoffentl
vergebl

Ei ei

Als ich das Ei schälte,
das trotz des kalten Wassers
die Finger fast verbrannte,
war in ihm noch eine zweite
Schale,
ein Ei im Ei,
und zu heiß:
Anblasen half nicht.
Ich mußte noch warten
und dabei
verging mir der Appetit

Ich hätte so etwas
nicht für möglich gehalten:
ein ganz gewöhnliches Ei
beim Herausheben aus dem
kochenden Wasser
sofort ganz trocken,
also auch ganz verläßlich hartgekocht

Nun beim Schälen der zweiten Schale
schon kaum mehr verwundert:
eine dritte darunter,
groß, dick. Wie soll ich das nennen?
Ja, eine wahre
Zwiebel von einem Ei!
Und außerdem finde ich
(nun doch ein wenig erschrocken)
jede weitere innere Schale
immer um etwas größer
als die bisher letzte –
also statt wie ein normales
Zwiebelei
immer kleiner zu werden,
wächst dieses Ei nach innen
und die weiteren größeren Schalen
sind überdies nicht mehr ganz

sondern durchbrochen wie Gitter
oder gewachsen wie Netzwerk.
Und darin laufen
soweit ich aus dieser Entfernung
noch richtig sehen kann
große Hühner herum

Sehr große Hühner –
und picken mit dem Schnabel
– Hühner, nicht etwa Küken,
wie man sie herumlaufen sähe
in einem normalen Ei! –
und picken auch nicht nach Körnern
oder Würmern . . . Aber was ist das?
Das können doch keine
Menschen sein, nach denen sie picken?
Ja, das sind Menschen, nur schwer zu erkennen, weil sie
nicht stillhalten, sondern fliehen wollen. Doch da
liegt noch ein halber, ganz still. Man sieht sogar noch
die zerbrochene Brille. So, jetzt pickt es auch den auf!
Und da, ein zweiter, klebt am Gitter oder am Netz
der durchbrochenen Schale. – Nein. Klebt gar nicht . . . Hilfe!
Er klebt nicht, sondern er wirft sich gegen das Gitter!
oder ist es ein Netz? – winkt mir und kann nicht heraus.

Die Maschen sind ihm zu eng! Ich muß ihm helfen:
Es ist doch nur eine Eischale, weiter nichts!
Nur, wenn ich ein Stück abschäle, kann auch das Huhn durch,
das da schon näherkommt!
Halt! Das ist in Wirklichkeit gar kein
Loch im Gitternetz: Das ist ein Spiegel! Der Mann
bewegt sich genau wie *ich*! Das Huhn, das gekommen ist,
um ihn zu fressen, ist nur ein Spiegelbild.
In Wirklichkeit steht es
hinter *mir*! . . . und auf ihm sitzt meine Mutter
(Das kann gar nicht sein! Sie ist doch seit zwei Jahren tot?) und
reitet auf ihm
und zwingt seinen Kopf
immer näher zu mir her.

Es dämmert

Ein Tag
das fürchte ich
stirbt
an seinem Abend

Unsinn:
Ein Tag
stirbt nicht
Nur der ihn Tag nennt
stirbt

und fürchtet für den Tag
um nicht
für sich selbst zu fürchten

Nacht in London

Die Hände
vor das Gesicht halten
und die Augen
nicht mehr aufmachen
nur eine Landschaft sehen
Berge und Bach
und auf der Wiese zwei Tiere
braun am hellgrünen Hang
hinauf zum dunkleren Wald

Und das gemähte Gras
zu riechen beginnen
und oben über den Fichten
in langsamen Kreisen ein Vogel
klein und schwarz
gegen das Himmelblau

Und alles
ganz still
und so schön
daß man weiß
dieses Leben lohnt sich
weil man glauben kann
daß es das wirklich gibt

Die Bezeichnungen

für Hans Schmeier und andere

Nicht mehr Selbstmord
denn das ist eine Verleumdung
an denen die
dieses Leben ermordet hat

Auch Freitod nicht
Ein Freitöter – das ist ein Staatsmann
der tötet und frei ausgeht
oder ein Polizist

Und stand es diesen Toten
wirklich frei?

Und auch nicht
wie sie in Abschiedsbotschaften sagten
die einfachen Leute
sie haben
den letzten Ausweg gewählt

Wenn es der letzte war
blieb ihnen da
noch die Wahl?
Und hätte es denn
einen vorletzten Ausweg gegeben?

Mit welchen Worten
das Namenlose
nennen?

Kinder und Linke

Wer Kindern sagt
Ihr habt rechts zu denken
der ist ein Rechter
Wer Kindern sagt
Ihr habt links zu denken
der ist ein Rechter

Wer Kindern sagt
Ihr habt gar nichts zu denken
der ist ein Rechter
Wer Kindern sagt
Es ist ganz gleich was ihr denkt
der ist ein Rechter

Wer Kindern sagt
was er selbst denkt
und ihnen auch sagt
daß daran etwas falsch sein könnte
der ist vielleicht
ein Linker

Altersschwäche?

Manchmal
wenn ich
aus meinem Leben erzähle
hat meine große Tochter
eine freundliche Art
mich »altes Schwein« zu nennen
die mich ganz stolz macht

Alter

Zuletzt werde ich vielleicht
wie als Kind
wenn ich allein war
wieder freundlich grüßen:
»Guten Morgen, Fräulein Blume«
»Guten Abend, Herr Baum«
und mich verbeugen
und sie mit der Hand berühren
und mich bedanken
daß sie mir ihre Zeit gegönnt haben

Nur daß sie mir antworten
und auch »Guten Morgen«
und »Guten Abend« sagen
werde ich dann
nicht mehr glauben

Oder vielleicht doch wieder?
Davor habe ich Angst

Abschied

Das Gute
fliegt jetzt davon
dorthin
wo alles
nicht immer
in die Vergangenheit fällt
sondern täglich
auf-
und untergeht
wie die Sonne

Zu guter Letzt

Als Kind wußte ich:
Jeder Schmetterling
den ich rette
jede Schnecke
und jede Spinne
und jede Mücke
jeder Ohrwurm
und jeder Regenwurm
wird kommen und weinen
wenn ich begraben werde

Einmal von mir gerettet
muß keines mehr sterben
Alle werden sie kommen
zu meinem Begräbnis

Als ich dann groß wurde
erkannte ich:
Das ist Unsinn
Keines wird kommen
ich überlebe sie alle

Jetzt im Alter
frage ich: Wenn ich sie aber
rette bis ganz zuletzt
kommen doch vielleicht zwei oder drei?

Grabschrift

Zwischen Tür und Amsel
lernte ich singen

Meine Kunst ging vor Brot
also blieb mir der Hunger

Der war nicht der beste
und nicht der schlechteste Koch

sondern gar kein Koch
denn da war kein Brei zu verderben

Also schlich ich auch nicht um ihn
wie eine Katze

und ich hatte auch keine neun Leben
nur eines – und das ging zu Ende

Kinderreim im Dunkeln

Auf Macht
reimt Nacht

Auf Ohnmacht
reimt immerhin Mondnacht

Zwar nur schlecht
doch mit genau soviel Recht

wie die Macht
auf ihre dunklere Nacht

Homeros Eros

Der große Sänger
war blind
und die Liebe
bekanntlich auch

Schlechte Beispiele
für die Politiker!

Erich Fried

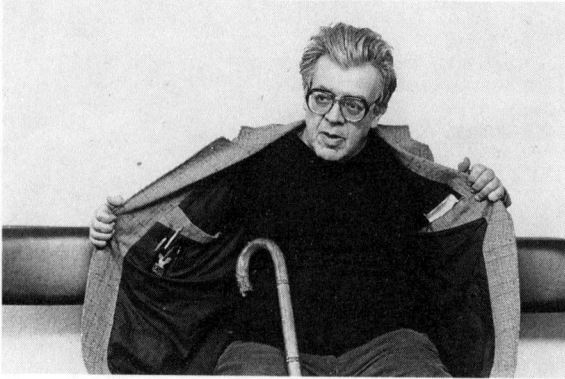

Fast alles Mögliche   Wahre Geschichten und gültige Lügen
»Was ist ein Schildkrötenwender? Was ein Gebrauchtfrauenlager? Was Schneibarkeit?
Erläuterungen dieser befremdlichen Begriffe erhält der neue Prosaband von Erich
Fried, der kaum weniger außerordentlich ist als sein kühner Rahmenroman ›Ein Soldat
und ein Mädchen‹ (1960) und wohl überraschend für den, der ihn nur von seinen sehr
engagierten, funktionellen politischen Gedichten her kennt.«
Peter Fischer, Die Presse
Quartheft 75/76. 144 Seiten

Liebesgedichte
Frieds Gedichte suchen die heutigen Orte der Liebenden auf, so eingeschränkt sie durch
den Beton der äußeren und inneren Landschaften sein mögen.
Freundlich und zärtlich beschreiben sie die Gefühle außerhalb des Konsums, die be-
hutsamen Gespräche ohne Medienwirrwarr, das Vertrauen zum anderen dort, wo sonst
niemand mehr niemandem traut und jeder zum Feind des anderen gemacht werden soll.
Quartheft 103. 112 Seiten

Beunruhigungen
Türe Beschriebene Liebe Verfahren Schlüssel der Träume
Die Beunruhigung ist die Schwester des Zweifels und die Inschrift in der Rinde des
Baumes der Erkenntnis.
Quartheft 129. 96 Seiten

Gründe

Dieser Band sammelt die wichtigsten Gedichte Erich Frieds aus seinem gesamten Werk: Die politisch argumentierenden und die Liebesgedichte, die sprachschöpferischen und die sprachspielerischen Gedichte, die Naturgedichte und die Protestgedichte, die erzählenden, die zornigen, die ermutigenden Gedichte.
In einem Nachwort protraitiert Klaus Wagenbach seinen langjährigen Freund.
»Ich bin überzeugt, daß das Werk von Erich Fried zum Dauerhaftesten gehört, was diese Zeit hervorgebracht hat.«
Helmut Heissenbüttel
SALTO. Rotes Leinen. 168 Seiten

Als ich mich nach dir verzehrte

Die schönsten Liebesgedichte aus dem gesamten Werk
SALTO. Rotes Leinen. 96 Seiten

Um Klarheit   Gedichte gegen das Vergessen

»Sehr gewitzt sind sie immer, im Mahnen beim Klären, in Sprach-Logeleien. Oft ganz und gar dicht gefügt, formen sie sich zu Sprüchen, die ins Dauer-Aktuelle treffen, schwarz und wahr.«
Regina Stetter, Süddeutsche Zeitung
Quartheft 139. 80 Seiten

Am Rand unserer Lebenszeit

»Zu den am stärksten beeindruckenden Gedichten des neuen Bandes ›Am Rand unserer Lebenszeit‹ gehört ›Was bleibt?‹, die unsentimentale Bestandsaufnahme eines großen, alten Mannes, und ›Auf der Suche‹, eines der schönsten Gedichte über Gedichte. Mit Brechtscher Schläue entkräftet Fried ›am Rand unserer Lebenszeit‹ in einem ›Vorspruch‹ etwaige Kritik, indem er Wolfgang Weyrauchs Forderung nach künstlerischer Dominanz des Wahren über das Schöne in Verse faßt – heute in Zeiten der Wende zu neuerlicher ›Kalligraphie‹ ein erfreulicher Anachronismus.«
Michael Bauer, Süddeutsche Zeitung
Quartheft 156. 80 Seiten

Unverwundenes   Liebe, Trauer, Widersprüche

»Fried gibt einen kleinen Überblick über die Vielschichtigkeit seines Schreibens. Die neuen Gedichte fügen sich aber nicht zu einem Resümee oder Fazit zusammen, sie ziehen erst recht nicht einen Schlußstrich. Sie sind von der Not des Bewußtseins diktiert, so vieles noch nicht gesagt zu haben und eines Tages nichts mehr sagen zu können.«
Gerhard Lampe, Deutschlandfunk
Quartheft 163. 80 Seiten

Einbruch der Wirklichkeit
Gedichte aus dem Nachlaß bei Lebzeiten

Volker Kaukoreit, der sich seit vielen Jahren mit dem Werk Erich Frieds beschäftigt, hat diese verstreuten Gedichte gesammelt und in der vom Autor zuletzt gewählten Form ediert.
Quartheft 176. 96 Seiten

Lysistrata
Die Komödie des Aristophanes. Neu übersetzt von Erich Fried.
Kommentiert von Barbara Sichtermann und mit Materialien versehen von
Heinke Lehmann.
Ein Lesebuch-Text, Kommentar, Materialien, Bilder – über den Streit der Frauen gegen
den Krieg der Männer: »Wenn ihr Frieden schließt, dann machen wir das Leben euch
auch schön.«
Ohne Aristophanes gelesen zu haben, läßt sich kaum wissen, wie dem Menschen
sauwohl sein kann.   G. F. W. Hegel
Wagenbachs Taschenbuch 206. 144 Seiten

Ordnungstraum und Widerspruchsgeist:
Shakespeares ›Kaufmann von Venedig‹
in der Übersetzung von Erich Fried
Mit einem Essay von Friedmar Apel
»Erich Fried, der radikale Demokrat, will einen Shakespeare für alle, es geht ihm
darum, die Rampen-Angst vor dem berühmten Klassiker möglichst zu verringern und
der Sprache die problematische Fremdheit zu nehmen.«
Peter Demetz, Frankfurter Allgemeine Zeitung
Wagenbachs Taschenbuch 137. 128 Seiten

Kinder und Narren
Erzählungen.
Wagenbachs Taschenbuch 83. 160 Seiten

Das Unmaß aller Dinge
35 Erzählungen
Wagenbachs Taschenbuch 179. 128 Seiten

So kam ich unter die Deutschen
Gedichte über Deutschland und die Deutschen
Wagenbachs Taschenbuch 183. 128 Seiten

Der Jude von Malta
von Christopher Marlowe
Ein berüchtigtes Meisterwerk der Weltliteratur in der kongenialen Übersetzung von
Erich Fried, ergänzt durch Karl Marx' Essay »Über die Juden«, kommentiert von
Stephen Greenblatt und mit einem Essay von Friedmar Apel.
Wagenbachs Taschenbuch 190. 168 Seiten

Mitunter sogar Lachen
Erinnerungen
»Ein unerschöpfliches Erinnerungsbuch von phantastischer Genauigkeit, das dem Le-
ser einen aus dem besonderen Leben gegriffenen Geschichtsunterricht gibt, in dem
auch den Dingen des Herzens nachgespürt wird.«
Otto A. Böhmer, Frankfurter Rundschau
Allgemeines Programm. 160 Seiten

»*Der Name Erich Fried*
wird nicht in Vergessenheit geraten,
darf nicht in Vergessenheit geraten.«
Marcel Reich-Ranicki

Erich Fried   *Gesammelte Werke*

Die erste Werkausgabe, mit sämtlichen veröffentlichten
Gedichten und der erzählenden Prosa,
in chronologischer Folge.

Herausgegeben von Volker Kaukoreit
und Klaus Wagenbach
Vier Bände in Halbleinen im Schuber. Je 600 Seiten,
mit Anmerkungen, Gesamtregister und Lebenschronik

»*Ich bin überzeugt,*
daß das Werk von Erich Fried
zum Dauerhaftesten gehört,
was diese Zeit hervorgebracht hat.«
Helmut Heißenbüttel

WILLIAM SHAKESPEARE
in der Übersetzung von
ERICH FRIED

>>*Wenn Shakespeares Dramen in diesen Jahren
auf den deutschen Bühnen einen ungeheuren Boom erleben,
dann deshalb, weil in seinen Stücken wahrhaft
alles gesagt ist und exzeptionelles Bild wird,
was heute Kopf und Herz der Menschen bewegt.
Erich Frieds Verdienst ist, die für diese Epoche
adäquate Übersetzung geliefert zu haben –
eine grandiose Übersetzungsleistung.*<<
Wend Kässens im NDR

Erich Fried: Shakespeare
27 Stücke von William Shakespeare in der Übersetzung von Erich Fried
Drei Leinenbände im Schuber, Fadenheftung, je etwa 600 Seiten
Mit einem Begleitbuch: »Der Autor, die Stücke, Der Übersetzer«
zusammengestellt von Friedmar Apel